D1619793

LEE MILLER   KÖLN IM MÄRZ 1945

Herausgegeben von der Historischen Gesellschaft Köln e.V. und dem
Zentral-Dombau-Verein zu Köln von 1842

Wir danken
    der Annemarie und Helmut Börner-Stiftung,
    Professor Dr. Kurt Bartenbach,
    CBH Cornelius Bartenbach Haesemann & Partner, Rechtsanwälte,
    Dr. Manfred Hecker,
    der Nordrhein-Westfalen-Stiftung Naturschutz, Heimat- und Kulturpflege,
    Winfried Seibert,
    der SK Stiftung Kultur und
    der Van Ham Kunstauktionen KG,
die durch ihre Großzügigkeit dieses Buch ermöglicht haben.

LEE MILLER KÖLN IM MÄRZ 1945

Mit Beiträgen von Kerstin Stremmel und Walter Filz

GREVEN VERLAG KÖLN

Jürgen Wilhelm / Michael H. G. Hoffmann
VORWORT 7

Kerstin Stremmel
„IM HERZEN DEUTSCHLANDS" 11
Lee Millers engagierter Realismus

Walter Filz
KAPUTTSEIN IST KEIN MYTHOS 23
Bild und Bildkosmetik einer
zerstörten Stadt

VOR DER STADT 33

KLINGELPÜTZ 41

IN DER STADT 59

DIE MILITÄRREGIERUNG 77

WEISSE FAHNEN 85

AM DOM 91

ANMERKUNGEN 118

Lee Millers US-amerikanischer Armeepass

Jürgen Wilhelm / Michael H. G. Hoffmann
VORWORT

Nach über 65 Jahren ist es nunmehr gelungen, die faszinierenden Fotografien der weltberühmten Fotografin Lee Miller über das zerstörte Köln in bislang nie gezeigter Qualität vorzulegen.

Elisabeth „Lee" Miller arbeitete als Fotomodell und erschien einige Male auf dem Titelblatt der amerikanischen *Vogue*, bevor sie auf Empfehlung von Edward Steichen zu Man Ray nach Paris kam. Dort wurde sie zunächst seine Schülerin, danach sein Aktmodell und schließlich seine emanzipierte Begleiterin. Die bildschöne Frau wurde für ihn zur Zauberfee für viele unerfüllte Wünsche und inspirierte ihn auch zur Weiterentwicklung der von ihnen beiden entdeckten Solarisation, mit der die erotischen Fotografien von Lee Miller zu kühlen Inszenierungen wurden.

Nach einem biografischen Umweg in Ägypten kehrt Lee Miller 1937 nach Paris zurück. Vor den Nazis mit ihrem zweiten Ehemann Roland Penrose 1939 nach England geflohen, wird Lee Miller 1942 als Kriegsberichterstatterin akkreditiert und publiziert in den letzten beiden Jahren des Zweiten Weltkriegs mehrere Bildreportagen in der *Vogue*.

Als Kriegskorrespondentin liefert sie einmalige, die Welt schockierende Bilddokumente vom Vormarsch der Alliierten, insbesondere von der Invasion und der darauf folgenden Eroberung Westeuropas unter der Führung der Amerikaner. Sie verschaffte sich als Erste Einblicke in die Privatgemächer Adolf Hitlers; nicht zuletzt dokumentiert sie die Gräuel der Konzentrationslager in Dachau und Buchenwald.

Als Fotografin vermittelt Lee Miller auf höchst eindrückliche Weise die schonungslose Wahrheit über den Terror der Nazis, den Holocaust, aber auch die vom Krieg gezeichneten europäischen Großstädte. Sie schuf mit vermeintlicher Distanziertheit Fotografien, die in ihrer Realitätstreue schmerzhaft anzuschauen sind. Lee Miller ist eine jener amerikanischen Künstlerinnen, die ihre kalte Einsamkeit in der Welt auf die Dinge übertragen (Karin Wieland). Sie verachtet die Banalität des Alltags nicht und sucht keine romantische Verklärung der Wahrheit; vielmehr ist sie von der Magie des alltäglich Banalen, auch des abgründigsten, fasziniert. Sie ist der demokratische Arm der Eroberung, der mit Kamera und Schreibmaschine der Welt die nüchterne Wahrheit vermittelt. Mit ihrer neuen, eigenwilligen Bildsprache, die durch die *Vogue* in den Jahren 1944 und 1945 vor allem in die USA, nach England und Frankreich transportiert wird, eröffnet und beeinflusst sie eine neue Art der Geschichtsschreibung.

1944/45 hält Lee Miller das befreite Köln fotografisch einzigartig – szenarisch fesselnd und zugleich anrührend – fest. Diese Dokumentationsaufnahmen zeigen ein anderes Nachkriegs-Köln, als wir es bisher kennen. Sie vermitteln von der durch Bomben zerstörten Stadt und ihren Menschen unmittelbare Eindrücke. Was wir sehen, ist keine Ruinenästhetik, sondern die absurde, durch politisches Harakiri herbeigeführte Realität, mit der die Menschen im März 1945 konfrontiert waren. Die Aufnahmen spiegeln Gesichter in Momenten, die für diese Menschen einen Wendepunkt in ihrem Leben darstellen. Sie sind erschütternd, traurig, freudig, lebensbejahend und verzweifelt. Und sie gehen uns ans Herz, weil sie die bis ins Mark verwundete Seele unserer Stadt zeigen. Es sind unsere Mütter und Großmütter, unsere Väter und Großväter; es sind die Gesichter der rheinischen Metropole nach dem zerstörerischen Werk der Bomben, die eine militärische Antwort auf den Naziterror waren, der für fast sechs Jahre Europa und die Welt in Atem gehalten hatte.

Über allem ragen die Spitzen des Kölner Doms – ein Überlebender und Hoffnungsträger inmitten einer hoffnungslos erscheinenden Zeit. Und obwohl der Dom schwer beschädigt wurde, fiel er den Bomben nicht zum Opfer. Dies ist nicht, wie oft angenommen, der Pietät der Piloten oder der Markierung der Stadtmitte als Zielpunkt geschuldet. Zum einen verdankt die Kathedrale ihr Bestehen der gotischen Bauweise, durch die die beim Bombardement des Hauptbahnhofs und der Hohenzollernbrücke entstandenen Druckwellen abgeleitet wurden. Zum anderem waren es die unzähligen Kölner Bürger, die nächtelang freiwillig und unermüdlich die Brände auf den Dächern des Bauwerks löschten.

Vom Klingelpütz zur Agnes-Kirche, vom zerrütteten Dom hinein in viele einzelne Straßenzüge nimmt die Fotografin den Betrachter mit in das befreite Köln, hinein in die letzten Kriegswochen zwischen Hoffen und Bangen. Gerade diese Bilder Lee Millers sind ein Ausnahmewerk, das von der engen Verbindung zwischen Kölner Geschichte und internationaler Kunst lebt.

Die Historische Gesellschaft Köln e.V. hat es sich zur Aufgabe gemacht, die Kölner Stadtgeschichte wissenschaftlich und allgemein verständlich aufzuarbeiten. Die Vergangenheitsschreibung unserer neueren Geschichte mittels Fotografie ist von herausragender kulturpolitischer Bedeutung. Ihre Aufarbeitung ist Teil der kölnischen Identität. Die in „Lee Miller – Köln im März 1945" gesammelten, bislang überwiegend unveröffentlichten Zeitzeugnisse gehören unzweifelhaft dazu.

Mit freundlicher Unterstützung von Sponsoren ist es gelungen, mit diesem Sonderband einen Beitrag „wider das Vergessen" vorzulegen. Der Zentral-Dombau-Verein macht seine Mitglieder angesichts der kulturpolitischen und historischen Bedeutung der Fotografien Lee Millers für den Dom gerne auf dieses Buch aufmerksam.

Professor Dr. Jürgen Wilhelm
Vorsitzender der Historischen Gesellschaft Köln e.V.

Michael H. G. Hoffmann
Präsident des Zentral-Dombau-Vereins zu Köln
von 1842

Die Fotografen Margaret Bourke-White und
Samson B. Knoll vor dem Presse-Hauptquartier
in Köln

Man Ray:
Das solarisierte Profil, 1930

Kerstin Stremmel
„IM HERZEN DEUTSCHLANDS"
Lee Millers engagierter Realismus

„Aber auch die Amerikaner wurden nicht schlau aus all dem Durcheinander, die waren wohl doch erschrocken darüber, wie die Stadt nun wirklich aussah, und ich habe welche von denen weinen sehen, besonders vor dem Hotel da an der Kathedrale – und was tauchte da alles an Menschen auf: deutsche Deserteure, versteckte Russen, Jugoslawen, Polen, russische Arbeiterinnen, weggelaufene KZ-Häftlinge, ein paar versteckte Juden – und wie sollten die nun feststellen, wer Kollaborateur gewesen war, wer nicht, und in welches Lager wer gehörte."

Heinrich Böll: *Gruppenbild mit Dame*[1]

Wer Lee Miller auf den Bildern bekannter Fotografen der 1920er und 1930er Jahre, von Arnold Genthe über George Hoyningen-Huene bis Edward Steichen, gesehen hat, wird ihr klares Gesicht und ihre klassische Eleganz kaum vergessen. Als die strahlende Schönheit aus Poughkeepsie im Staat New York 1929 mit 22 Jahren nach Europa kam, wurde sie auch dort ein begehrtes Objekt in Fotografie und Film – und die Geliebte und Assistentin von Man Ray. Er machte nicht nur das bekannte solarisierte Profilbild von ihr, in einer Technik, die die beiden angeblich zusammen im Atelier wiederentdeckt hatten, sondern fotografierte ihren schutzlos anmutenden Schwanenhals so, dass er auf einem Bild wie ein Phallus aussieht, auf einem anderen so verletzlich, dass es empfindliche Betrachter fast körperlich schmerzt.

Nachdem Miller Man Ray 1932 verlassen hatte und nach Amerika zurückgekehrt war, betrieb Ray ihre „Objektwerdung" noch konsequenter, indem er ihr Auge, ausgeschnitten aus einer Fotografie und an einem Metronom angebracht, als „Object of Destruction" verewigte. Zu diesem Readymade verfasste der Künstler einen kurzen Text, eine Art Anweisung für die Produktion ähnlicher surrealistischer Objekte: „Aus der Fotografie einer einst geliebten, nun aber entschwundenen Person schneide man das Auge aus, befestige es am Pendel eines Metronoms und stelle das Gewicht auf das gewünschte Tempo ein. So lange wie möglich laufen lassen und dann versuchen, das Ganze mit einem einzigen gut gezielten Hammerschlag zu zertrümmern."[2]

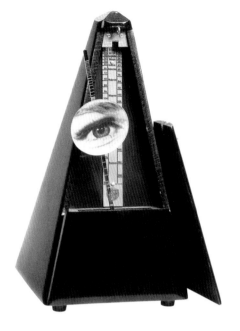

Dieser „Exorzismus" durch einen Akt der Reduktion und Zerstörung seines Modells, mit dem er allerdings zu einem späteren Zeitpunkt und dann bis zu Millers Tod im Jahr 1977 wieder freundschaftlich verbunden war, ist noch radikaler als Lee Millers Verwandlung in eine Statue, die sie zwei Jahre zuvor in Jean Cocteaus Film *Le Sang d'un poète* personifizierte. Damit steht sie in der klassischen Tradition der zum Leben erweckten Puppe und erinnert an die Skulptur Pygmalions, des Künstlers, der die Frau als Kunstwerk zum Leben erweckt.

Doch Miller war nicht nur schönes Objekt, sondern eröffnete bereits 1930 ihr eigenes Fotostudio in Paris und nach ihrer Rückkehr aus Europa ein weiteres, recht erfolgreiches in New York. Sie blieb der Schönheit verpflichtet, machte Modefotos und gefiel mit ihren eleganten Porträts. Zwei Jahre später entschied sie sich für die Ehe mit einem reichen Ägypter und folgte ihm in seine Heimat, wo sie, privatisierend, einige streng ästhetische und noch immer vom Surrealismus beeinflusste Fotografien voll überraschender Gegenüberstellungen und beeindruckender Licht- und Schattenwirkung machte. Als Lee Miller schließlich 1937 erneut nach Paris ging, wo sie ihren späteren zweiten Ehemann, den englischen Künstler und Kunstförderer Roland Penrose kennenlernte, war ihre Zeit als „trophy wife" beinahe beendet: Sie folgte Penrose 1939 nach England, wo sie für die britische *Vogue* weiter routiniert auf dem Sektor der Modefotografie arbeitete, bis der Krieg die Prioritäten verschob und Lee Miller zu einer engagierten Berichterstatterin wurde, deren Bilder etwa aus dem sogenannten Blitzkrieg der Jahre 1940 und 1941, als Hitler London bombardieren ließ, in dem Buch *Grim Glory*[3] erschienen.

Man Ray: Unzerstörbares Objekt

Darunter waren surrealistische Meisterwerke, die sie mit einem geschulten Blick für Absurditäten auch noch in Momenten andauernder Gefahr schuf. Hatte Miller bereits 1930 mit Bildern wie *Untitled (Exploding hand)* – der Fotografie einer Frauenhand, die, aus einem eleganten Ärmel ragend, den Griff einer Ladentür herunterdrückt und deren Finger im stark zerkratzten Türglas gleichsam zu explodieren scheinen – den Eindruck von Gewalt in scheinbar harmlosen Szenarien provoziert, bleiben ihr starkes formales Interesse und ihre Beobachtungsgabe auch in den Londoner Bildern bestimmend. Dabei handelt es sich um durchaus „klassische Motive" aus Kriegssituationen wie etwa *Rache an der Kultur, London, 1940*: die Fotografie einer nur leicht versehrten, von einem Metallträger wie eingerahmt wirkenden Skulptur – ein Beweis dafür, dass Schönheit auch noch in den Trümmern einer Stadt zu finden war, eine Art Ikone für den Durchhaltewillen der Briten, die schwersten Angriffen der deutschen Luftwaffe ausgeliefert waren.

„Explodierende Hand", Parfumerie Guerlain, Paris um 1930

„Rache an der Kultur", London, 1940

Als sich Lee Miller jedoch 1944 als Kriegskorrespondentin akkreditiert und den Vormarsch der alliierten Truppen in Westeuropa begleitet, um darüber für die amerikanische und die britische *Vogue* zu berichten, ändert sich ihre Bildsprache erheblich.

ABKEHR VOM OBSKUREN OBJEKT DER BEGIERDE

Bei den Aufnahmen aus Köln, die Miller in den Märztagen des Jahres 1945 machte, nachdem sie die Kämpfe der alliierten Truppen in Westeuropa bereits einige Monate begleitet und ihre berühmten Bilder der Befreiung von Paris publiziert hatte, war sie nicht mehr am ästhetischen Bild interessiert. Dass sie zudem stets unbearbeitete Filme an die Redaktion senden musste und keine eigene Auswahl treffen konnte, mag Grund für die relativ große Anzahl von Bildern sein, von denen wir nicht wissen, welche sie selbst zur Veröffentlichung freigegeben hätte. Sie erschienen in der *Vogue*, begleitet von ihren eigenen Texten, die auf der „Baby Hermes"-Schreibmaschine geschrieben waren, denn seit Kriegsbeginn war Miller dazu übergegangen, ihre Texte selbst zu verfassen, um Missverständnisse zu vermeiden und die Artikel in ihrem Sinne durch das Zusammenwirken von Bild und Text konzipieren zu können. In ihnen kommt eine Haltung zum Ausdruck, die von großer Reserviertheit gegenüber der deutschen Bevölkerung gekennzeichnet ist.

Auffällig ist, was die Bilder nicht sind: Sie zelebrieren nicht die verbreitete „Ästhetik der Zerstörung" mit apokalyptisch wirkenden Ruinenlandschaften und den – „wie durch ein Wunder" – nicht zerstörten, oft christlichen Fragmenten, die in ihren Bildern aus London eine Rolle spielen.[4] In Köln nimmt Miller das Ausmaß an gerechtfertigt erscheinender Zerstörung eher beiläufig und billigend in Kauf und macht sich auf die mit fotografischen Mitteln nicht einfache Suche nach Kriterien für die Beurteilung der Menschen in dieser Stadt, denen sie hoffnungsvolle Symbole im Gegensatz zu den Londonern nicht gönnen mochte.

Ihre Bilder sind nur im Kontext ihrer eigenen Anmerkungen zu verstehen. Selbstverständlich taucht der Dom als Motiv auf Innenaufnahmen zeigen den schuttbedeckten Boden umgeben von unversehrten Säulen, und es gibt den Blick durch die Fensteröffnung eines Domturms auf die zerstörte Hohenzollernbrücke, deren Konstruktion – hier doch einmal ein surrealer Reflex – auf einem anderen Bild an ein eng geschnürtes Mieder erinnert. Ihre eigenen knappen Angaben zu den Fotos schickte sie an die Herausgeberin der britischen *Vogue*, Audrey Withers, und in der Anweisung am Ende kommt noch einmal etwas Surreales zum Ausdruck: die Begegnung von Bildern der Zerstörung und einem Lippenstift auf einem Seziertisch.

> Alles Bilder aus Köln und Umgebung.
> Bilder vom Dom, zwar keine Bombentreffer, aber trotzdem ziemlich zerstört.
> Die Kunstschätze waren entweder komplett ausgelagert oder mit Sandsäcken oder Vermauerung geschützt (vgl. Bilder).
> Viele Szenen, in denen ehemalige Häftlinge der Gestapo fortgehen oder warten und entlassene Häftlinge vor dem Aufbruch am Massengrab früherer Zellengenossen beten.
> Einige Bilder der anderen Rheinseite, aufgenommen von unterschiedlichen Standorten.
> Bilder von einer Feier … Flaggenhissen
> Einheiten aller Divisionen, die an der Aktion teilgenommen haben, bei der Parade im ehemaligen Nazi-Sportpalast … und gehisste Flagge.
> Bildunterschriften separat per Adls[5].
> Ein Film im Umschlag ist mit geschmolzenem Lippenstift verschmiert. Sei vorsichtig damit, bei falscher Behandlung macht das Fett hässliche Fingerabdrücke.[6]

In der unmittelbaren Umgebung des Doms hat Lee Miller Aufnahmen eines zerstörten deutschen Panzers gemacht; im Vordergrund ist auf einem handgeschriebenen Schild zu lesen: „Sight Seers Keep Out! Beyond this point you draw fire on our fighting men. He risks his life 24 hours a day. Do you?" Dieser bizarr wirkende Aufruf – an wen wendet er sich? Geht man davon aus, dass die Kölner Englisch verstehen? –, der wohl eine Warnung an andere Militärs sein soll, die Situation ernst genug zu nehmen, steht in unmittelbarer Nähe eines US-Soldaten, der einen Karabiner mit aufgepflanztem Bajonett in der Hand hält und mit zwei anderen Soldaten spricht, von denen einer unter dem linken Arm eine Aktentasche trägt. Dramatischer hat das gleiche Motiv die amerikanische Fotojournalistin Margaret Bourke-White erfasst: Bei ihr posieren sechs GIs auf dem Panzer und halten das Schild in die Kamera; die Fotografin hat das Motiv mit Untersicht vor der monumental wirkenden Kathedrale fotografiert. Millers Bild ist weniger emphatisch; es wird von der Begegnung zwischen dem Bewaffneten und den uniformierten Bürokraten dominiert –

eine skurrile Szene, die die Schwierigkeiten andeutet, mit denen sich die Besatzer in Köln konfrontiert sahen, nämlich zu entscheiden, „in welches Lager wer gehörte" (Böll).
So stehen im Zentrum der Berichterstattung über Köln die Besuche bei der Militärbehörde, vor allem aber das Gefängnis Klingelpütz. Vor der Militärbehörde am Kaiser-Wilhelm-Ring 2-4 warten die verbliebenen Einwohner Kölns in langen Schlangen. Weitere Bilder zeigen sie bei der Registrierung und in Verhandlungen mit Mitgliedern der Militärregierung. Zwischendurch gibt es mehrere Blicke aus Fenstern, Bilder von oben auf den Ring, auf dem Menschen geschäftig hin- und hereilen. Fotografien wie diese könnten auch von einem Pariser Boulevard stammen. Sie wirken wie eine Reminiszenz an die Bildsprache der 1920er Jahre, eine Art Fluchtreflex, ein Moment visueller Ablenkung in einer Situation, in der es Antworten auf moralische Fragen zu finden galt, die sich Miller und die Militärbehörde[7], deren Aufgabe unter anderem jene schwierige Untersuchung der politischen Zugehörigkeit der Bevölkerung war, immer wieder stellten.[8]
Im Klingelpütz fehlen solche Momente visueller Erholung. Dort konzentriert sich Miller auf die Haltung und die Physiognomik der circa 90 Überlebenden, die, zumeist stark geschwächt und oft an Typhus erkrankt, von der Gestapo zurückgelassen wurden.[9] Diese Motive wurden auch in anderen Berichten aufgegriffen. So erschien im April 1945 die Ausgabe von *Yank, the Army Weekly* mit dem Titelblatt der zerstörten Kölner Innenstadt und dem Zitat „»The issue is victory or destruction« (Marshal Hermann Goering)". Auch dort ist das außerordentlich hübsche französische Mädchen zu sehen, das auf Lee Millers Fotos immer wieder auftaucht und an dieser Stelle wird sogar ihr Name, Odette Bettinville, angegeben. Ausführlicher als Miller hat jedoch niemand fotografiert.
Wie beeindruckt sie von den Menschen war, die die Barbarei überstanden hatten, lässt sich auch daran erkennen, wie viele Einstellungen sie den Gesichtern der Frauen widmet, die noch in den Räumen verharren, in denen sie zuvor gefangen waren, zusammengesunken vor der Tür, hinter der Verhöre stattgefunden haben, oder vor einem Kessel und einer symbolhaft leeren Schöpfkelle.
Dokumentiert und eingehend beschrieben hat Miller die Situation im Klingelpütz in einem Artikel für die amerikanische *Vogue*, in dem sie das Gefängnis als „symbol of the German order" bezeichnet, (AV, 1. Mai 1945). In der britischen *Vogue* berichtet sie im Mai 1945 vom ganzen Ausmaß des Leidens: „Alle Spielarten der Unterernährung standen in diesem Gefängnis zur Schau und alle Arten des Leidens: die Aufgeschwollenen, die von grünlicher Hautfarbe, die von weißlicher, die mit zitternder Haut und Knochen und die mit der durchscheinenden Anämie." Am ausführlichsten war dann Millers Bericht in der Juni-

Ausgabe, *The war that is won*, der unter dem Eindruck des Grauens geschrieben war, das sie in den Konzentrationslagern Buchenwald und Dachau gesehen hatte:

> Ein Gefängnis der Gestapo wurde befreit, und die stummen Toten wie die sprechenden Lebenden richteten den Vorwurf, kriminell und geisteskrank zu sein, nunmehr gegen das ganze deutsche Volk. Politische Deportierte, als Sympathisanten der Alliierten Verdächtigte und die Untergrundkämpfer des Maquis standen ganz oben auf der Todesliste. Sie hatten Schreckliches zu erzählen, aber sie schwiegen. Die Fakten und Beweise deutscher Brutalität wurden, auch ohne dass sie eigens erwähnt worden wären, deutlich in den Gesprächen über Charleroi oder Orléans oder Brüssel oder die holländische Front – im Lachen eines gebildeten französischen Mädchens, dessen Stimme dadurch gleichwohl nicht heller klang, in den Tränen, die über das Gesicht des belgischen Jungen rannen, der für diesen Tag auf der Exekutionsliste gestanden hatte.
>
> Nur wenige Menschen hatten das Privileg zu wissen, dass ihr Urteil gesprochen war. Oft folterten die Aufseher den Gefangenen bis zu unerträglichen Schmerzen, gaben den Erschießungsbefehl und vergaßen dann, die Papiere zu unterschreiben. Am nächsten Tag spielten sie dasselbe Spiel mit irgendeinem

Amerikanische Vogue, 1. Mai 1945

anderen Gefangenen, von dem sie glaubten, es hätte eine Wirkung auf ihn. Wann die Exekutionen vollstreckt wurden, hing von unberechenbaren Launen oder Quoten ab; überlebende Gefangene meinten, dass die meisten Erschießungen vielleicht nur dazu dienten, die zum Zerreißen gespannten Nerven der Verhörten noch weiter zu foltern.
Das Beeindruckende an diesem Gefängnis war seine Lage im Herzen Deutschlands. Diese Taten wurden im Vaterland selbst begangen. Nicht etwa von Leuten mit schlechten Angewohnheiten wie Touristen die sich Zigarren mit Tausendfrancscheinen anzünden. Es waren auch nicht Exzesse zügellosen, fehlgeleiteten Tatendrangs einiger Teufel, unergründlich oder zu entschuldigen mit Langeweile und Einsamkeit, verübt von gefürchteten SS-Männern oder sich gottgleich fühlenden Elitetruppen. Die Täter waren Nazis unterer Dienstgrade und offizielle Regierungsbeamte, ganz normale Leute also. Dies geschah in einer großen deutschen Stadt, wo die Einwohner die Taten ihrer Liebhaber, Ehemänner und Söhne gekannt und verschwiegen oder zumindest geahnt und ignoriert haben müssen.[10]

Die räumliche Nähe zwischen den befreiten Gefangenen und den überlebenden Kölnern, im Text ausführlich kommentiert, wird auch angesichts der Negativstreifen aus dem Archiv evident: Nach ihrem Aufenthalt im Klingelpütz – auf dem letzten Foto ist eine kleine Gruppe von ehemaligen Gefangenen im Gefängnisinnenhof am Grab ihrer ermordeten Mitgefangenen zu sehen – begibt sich Miller zum Kaiser-Wilhelm-Ring und fotografiert zwei proper aussehende junge Mädchen auf einer Bank, eine der beiden sogar eine Zigarette genießend, inmitten der Trümmer und unter einem Baum, der zwar im März noch keine Blätter trägt, aber die Hoffnung auf neues Blühen andeutet. Die Mädchen wirken wie eine Illustration des Texts von Juni 1945: „Das Untergrundnetzwerk der bewohnten Keller spie mehr und mehr Würmer aus, bleich, sauber und vollgefressen mit dem gestohlenen und gehorteten Fett aus der Normandie und aus Belgien."[11] Weitere wohlgenährt wirkende Menschen ziehen auf anderen Köln-Bildern Karren durch die Trümmer, was weniger die Lesart der wenigen geretteten Habseligkeiten nahelegen, sondern eher zeigen soll, was alles noch da war.
Eine Ausnahme ist das Bild des anscheinend entspannt mit einem amerikanischen Soldaten plaudernden, älteren und soigniert aussehenden Paars vor dem weitgehend unzerstörten Hotel Excelsior. Es ist zugleich von einer komplexen Blickregie charak-

terisiert: Das Schild „Zutritt verboten" ist lesbar; das Gebäude wurde, wie das CP-Schild anzeigt, von der Armee als „Command Post", also als Befehlsstand, genutzt, und ein im Vordergrund sitzender Soldat hält eine gestreifte Katze im Arm, während er sich zu dem Paar umdreht. Kein Anflug von Feindseligkeit, ein Moment menschlicher Begegnung ohne Kategorisierung in Freund und Feind.

Dezidiert surrealistische Momente, wie die Fotografin sie noch in den erwähnten Blitzkrieg-Fotografien aus London mit geschultem Auge erfasst hat, gibt es nur selten. Am ehesten findet man sie auf den Bildern aus dem Kölner Umland, wo etwa auf einer Straße in Düren eine Schaufensterpuppe, mit der ein junger US-Soldat schäkern kann, ohne den Vorwurf der Fraternisierung befürchten zu müssen, genauso absurd wirkt wie in Bonn das skurrile Hinweisschild für den Luftschutzkeller in einer zerstörten Umgebung und die Skulptur des lasziv dasitzenden Beethoven. Aus Köln stammt nur die – immerhin kopflose Kaiserin Augusta, die damals am Kaiser-Wilhelm-Ring thronte.

Millers Furor ließ ihr in Köln wenig Zeit für ästhetische Überhöhung: Aufnahmen wie die des grafisch wirkenden Lichtstreifens, den ein Suchscheinwerfer über der Christuskirche in der Herwarthstraße produziert, und die formal bestechende Komposition eines Metallbogens, der den Kölner Dom umspannt, ihn wie mit einer Aureole versieht und zu schützen scheint, sind die Ausnahme.

SURRENDER

Daher scheint es angemessen, das wiederholt auftauchende Motiv der weißen Flagge, gehisst etwa am Gebäude des Hansagymnasiums oder an Wohnhäusern auf der Neusser Straße, als paradigmatisch zu verstehen – als zur Schau gestellte Unterwerfung, die darüber hinwegtäuschen soll, dass nicht eine Spur von Schuldbewusstsein auszumachen ist: „Hunderte Gebäude weiß beflaggt … Manchmal spitzenbesetzte Wäsche oder Nachthemden. Ich habe den Verdacht, dass viele ganz bewusst das zarte Zeug raushängen, um hilfloser oder weiblicher zu wirken."[12]

Das einzige wirkliche Schockfoto aus Köln zeigt einen schräg liegenden, mit seinen ausgebreiteten Armen an Christusdarstellungen erinnernden toten Jungen, nach einer Reihe von Aufnahmen einer deutschen Flak gemacht, sodass der Tod dieses Jungen vielleicht als konsequente Bestrafung für den Versuch, alliierte Flugzeuge abzuschießen, gedeutet werden soll. Auf der Rückseite des Abzugs steht: „Köln. Lee sagt: »Das ist ein guter Deutscher; der ist tot. Beide Hände abgerissen und Skalpell und Schere des Stabsarztes sind noch an den Arterien der linken Hand zugange." Als moralische Anklage funktioniert das Foto nicht, es scheint eher darum zu gehen, den Anblick, den Miller aushalten musste, auch anderen zuzumuten, und ihr Publikum waren die Leserinnen einer Modezeitschrift. Miller wollte diese Klientel, die in ihr vermutlich immer noch das schöne Model sah, mit Bildern wie diesem und später mit den tatsächlich in der *Vogue* publizierten Fotografien aus den Konzentrationslagern konfrontieren.

Susan Sontag hat diese Aufnahmen, ähnlich wie jene von Margaret Bourke-White, anders als die Bilder nicht-professioneller Kriegsberichterstatter eingeordnet: „Die Fotos, die im April und Mai 1945 von anonymen Berichterstattern und Militärfotografen in Buchenwald und Dachau aufgenommen wurden, scheinen mehr Gültigkeit zu besitzen als die »besseren« Bilder, die zwei gefeierte Berufsfotografinnen, Margaret Bourke-White und Lee Miller, damals gemacht haben."[13]

Das ist – zumindest im Hinblick auf die Darstellung der Toten – falsch. Miller hat auch in dieser Situation darauf verzichtet, „gute" Bilder zu machen. Wie bei den Kölner Fotografien resultiert die Wirkung daraus, dass sie ihre Qualitäten als „gefeierte Berufsfotografin" verliert: Es gilt, was Miller selbst über ihre Kriterien für Aufnahmen aus Deutschland geschrieben hat: „Ich möchte hier einmal festhalten: Ich dokumentiere und mache keine Kunst."[14] An den Aufnahmen, die Lee Miller in Köln im März 1945 gemacht hat, lässt sich der Bedeutungsverlust künstlerischer Fotografie ablesen – ein notwendiges Scheitern, das einen Bruch mit all den Themen und Darstellungsweisen bedeutete, die für Miller als gefeiertes Model und als Fotografin *en vogue* waren.

Schönheit und ästhetische Kriterien hatten ihre Bedeutung verloren, einzig in Freundschaften, die sich in vielen später entstandenen Porträts, etwa von Max Ernst oder Pablo Picasso, spiegelten, konnte sie ihre Wut auf eine Welt vergessen, die aus den Fugen geraten war: „Frieden in einer Welt von Ganoven, die keine Ehre, keinen Anstand und keine Scham haben, ist nicht das, wofür unsereins gekämpft hat."[15]

Der Krieg war Auslöser für Millers wahre Subjektwerdung. Sie vollzog sich auf eine radikale Weise, die Einfluss auf ihr Äußeres und ihre Bildsprache hatte. Die Fotografien sind gut, weil sie kunstlos sind, weil sie auf moralischen Fragen beharren, die nicht beantwortet werden können.

Toter jugendlicher Flakhelfer

Schaufensterpuppe, Köln

Walter Filz
KAPUTTSEIN IST KEIN MYTHOS
Bild und Bildkosmetik einer
zerstörten Stadt

Wo ist die Frau mit der Kamera gewesen? Ist das Köln? Was sollen das für Häuser sein? Was für Straßen? Und welche Menschen? Es kann nicht Köln sein auf den Fotos von Lee Miller. Auch wenn da Dom und Hohenzollernbrücke zu sehen sind oder Wegweiser zum Grüngürtel und zum Blücherpark – Köln ist das nicht. Nicht wie es aus zigfach reproduzierten Bildern von 1945 bekannt und belegt ist: die kulissenhaft aus dem Nichts ragenden Fassadenscheiben, die gespenstisch blinden Fensterlöcher, die nackten Pfeiler und Gewölbebögen skelettierter Kirchen, das Trümmermeer der Altstadt mit dem Rathausturmrest wie die stolze Ruine eines Bergfrieds. All das hat Lee Miller nicht fotografiert. Stattdessen einen eingestürzten Eierladen. Oder eine Mülltonne, die inmitten der Zerstörung akkurat am Straßenrand steht. Soll das ein schlechter Witz über deutsche Ordnungsliebe sein? Und das gekippte Verkehrsschild, dessen Richtungspfeil zum Boden zeigt. Ist das ein zynischer Kommentar, wohin es mit der Stadt gekommen ist? Was sind das für Leute, die da müßig an der Ecke stehen und einen Klaaf halten, die Hände tief vergraben in den Manteltaschen? Wenn es Kölner wären, müssten die doch die Ärmel hochkrempeln und anpacken, um den Schutt zu beseitigen. Wie können da zwei junge, pausbäckige Frauen entspannt lächelnd zwischen den Trümmern sitzen und eine Zigarette rauchen? Kölsche Mädcher hätten doch verhärmte Gesichter, würden Steine schleppen und zu Stapeln schichten. Wieso gibt es so viele Fahrräder? Man musste doch zu Fuß gehen, kilometerweit zum Hamstern bis ins Vorgebirge. Wieso trägt da ein Radler blitzblanke, neue Stiefel und ein modisches Jackett? Es gab doch nichts mehr außer Lumpen. Und wozu die Bilder amerikanischer Soldaten, die feixend auf der Domtreppe posieren? Wird da der Sieg des Kaugummis über den Katholizismus gefeiert? Und der Soldat, der sich griemelnd eine Zigarette anzündet, hinter ihm an der Hauswand eine

Warnung vor „Booby Traps" – mit Sprengstoff bestückten Puppen, die bei Berührung explodieren. Solch hinterhältige Todesfallen kann es in Köln doch nicht gegeben haben. Und auch nicht diesen Nazi-Nippes, der da demonstrativ auf dem Pflaster ausgebreitet ist. Ein Wimpel mit dem Kölner Wappen, dessen Kordel sich in einem Hakenkreuz verheddert hat? Fast möchte man meinen, dass die Fotografin bei diesem sinnbildlichen Arrangement nachgeholfen hat. Aber nein. Sie wird das Wappen gar nicht gekannt haben. Denn offenbar hat Lee Miller die Kultur Kölns ignoriert, hat sich um die historische Bedeutung der Stadt nicht gekümmert und um die Mentalität ihrer Bewohner nicht geschert. Wie kann diese Frau da einfach durch Köln spazieren und mit ihrer Kamera um sich schießen? Ohne Ambition, ohne Empathie, ohne Ergriffenheit, ohne Empfindung für Größe und Tragik des Geschehenen und ohne das Bedürfnis, mit Kölnern Kontakt aufzunehmen. Ob sie umgekehrt von Kölnern angesprochen worden ist?

„Kütt och alles jenau drop?", fragen Passanten einen Mann, der zur selben Zeit wie Lee Miller Kölns Trümmerlandschaften erkundet und Bilder macht. Ein Mann, den – wie er selbst bekundet – „kein anderer Antrieb bewegt, als so wahrhaftig wie möglich dem Tatsächlichen nachzuspüren"[1]. Es handelt sich um einen Zeichner namens Heinrich Schröder. Rund zwei Dutzend seiner Federzeichnungen sind in einem Bildband unter dem Titel *Colonia Deleta* veröffentlicht. Ein Geleitwort von Heinz Fries verleiht den kargen Bildern mit üppigen Metaphern Gewicht. „Im Feueratem der Vernichtung zerfiel die Stadt der heiligen Steine zu Staub"[2], schreibt er und bietet alle nur denkbaren Synonyme des Apokalyptischen auf, um das zerstörte Köln zum biblischen Armageddon zu verklären. Aber Erlösung ist in Sicht. „Köln ist nicht tot", lautet die Verheißung am Ende der domstädtischen Nachkriegsoffenbarung: „Zweitausend Jahre Gebet sind nicht in den Wind gesprochen."[3]
Zweitausend Jahre Gebet? Umstandslos und universalökumenisch vereint Heinz Fries alle Glaubensvorstellungen, die es vom römischen Polytheismus bis zum rheinischen Katholizismus je in Köln gegeben hat, um zu suggerieren, dass die Kölner immer und allzeit eigentlich nur eines sind und waren: gläubig und fromm. Dieser perspektivischen Schmalführung des Kölnbilds folgen die Bilder des Bandes: Die vorletzte der Zeichnungen zeigt die Fronleichnamsprozession am 31. Mai 1945. Die letzte Zeichnung ist ein Bild des Unzerstörten, heil geblieben und Heil bringend: der Skulptur der sogenannten Mailänder Madonna, des ältesten Mariengnadenbildes im Dom aus dem späten 13. Jahrhundert. Der Zeichner selbst gibt sich im Nachwort des Bildbands – seinem Wahrheitsanspruch gemäß –

nüchterner. Unter anderem berichtet er, dass es in den Trümmern kein Durchkommen für Fahrräder gebe und „kein Fleckchen, auf dem man hätte rasten oder verweilen können"[4]. Offenbar war er in einem anderen Köln als Lee Miller.

„Colonia Deleta", das klingt imposant. Nicht nur, weil es gebildet klingt. Latein ist eine Sprache der Macht. Der Macht Roms und der Macht der Kirche. Die eine ist eine historische, die andere eine höhere. Beide sind Mächte, derer sich Köln unmittelbar nach Kriegsende zu versichern sucht. Latein ist eine Sprache der Macht, doch keine Sprache der Siegermächte. Und die Sprache der Besiegten ist Latein auch nicht. Sie ist gleichsam neutrales Terrain, ein kommunikatives Notaufnahmelager, aber auch „Notwehr", wie es der Romanist Viktor Klemperer ausdrückte, als er die Sprache des Dritten Reichs als „Lingua Tertii Imperii" verklausulierte. Gerade für eine schweigende oder zum Schweigen genötigte Bildungsschicht ist Latein 1945 die einzige Sprache, die politisch unverdächtig und intellektuell unkorrumpiert scheint, die für Geist und Kultur steht und zugleich Autorität beanspruchen kann. Für einen kurzen Moment scheint die tote Sprache fast wieder aufzuleben. So versuchen manche Kölner, mit den amerikanischen Soldaten auf altrömische Art zu parlieren. Als die *Kölnische Rundschau* 2004 ihre Leser bittet, Fotos und Erinnerungen aus der Nachkriegszeit einzusenden, berichtet ein Mann von seinem Vater, der die Besatzer auf Latein angesprochen und damit derart beeindruckt habe, dass sie sein Haus zur Off-Limits-Zone erklärten: ein Zugangsverbot wie bei Museen, Kirchen

Colonia Deleta, das zerstörte Köln in Zeichnungen von Heinrich Schröder

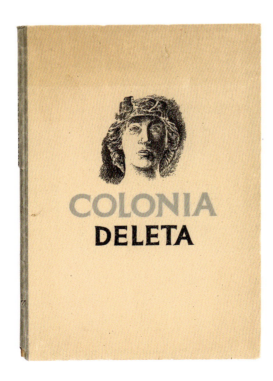

und Kulturgütern.[5] Oder bei Typhusverdacht, wie auf einem der Fotos von Lee Miller zu sehen. Neben vielen anderen persönlichen Erinnerungen erhält die *Kölnische Rundschau* auf ihren Aufruf auch drei Exemplare des Buches *Colonia Deleta*. Der Bildband war ein Bestseller. Er gehörte zur geistigen Neu- und Erstausstattung einer Stadt, die nicht nur materiell zerstört war.

„Qui non vidit Coloniam non vidit Germaniam" – Wer Köln nicht gesehen hat, hat Deutschland nicht gesehen. Eine lateinische Redensart, mit der im Mittelalter Pracht und Bedeutung der Stadt gepriesen wurden (nicht zuletzt von ihren Bewohnern selbst), kommt ebenfalls 1945 wieder auf und wird zum geflügelten Sarkasmus: Wer Kölns Zerstörung nicht gesehen hat, hat Deutschlands Zerstörung nicht gesehen. Die ursprüngliche Bedeutung ist ins Gegenteil verkehrt. Doch lokalpatriotischer Stolz und Selbstgefälligkeit sind dieselben geblieben: Unser Schicksal ist das schwerste. „Qui non vidit Coloniam non vidit Germaniam" ist auch das Motto eines 1947 erschienenen Bildbandes, der Fotos aus dem Vorkriegsköln mit jüngeren Bildern ergänzt.[6] Unter anderem ist die geräumte Glockengasse zwischen Trümmerfeldern zu sehen. Bildunterschrift: „Ein Pfad durch steinerne Wüste. Pfad der Hoffnung? (...) A path through the desert of stone. A path of hope?"[7] Der zweisprachige Band wendet sich offenbar auch an Touristen. Sollen sie die Ruinen als symbolträchtige Sehenswürdigkeiten bewundern? Schon möglich. Schließlich können sogar die Kölner selbst den Ruinen ästhetisch etwas abgewinnen. Ebenfalls 1947 erscheint ein anderes populäres Hausbuch des Nachkriegskölners, das das Bild und Selbstbild der Stadt bis heute prägt. Es ist der Bildband *Gesang im Feuerofen* des Fotografen Hermann Claasen.[8] Im Geleitwort zitiert Franz A. Hoyer einmal mehr „Qui non vidit Coloniam ..." und erklärt: „So spiegelt dies Buch das Gesicht Deutschlands, indem es das Gesicht einer seiner einst schönsten und ehrwürdigsten Städte spiegelt, ein schmerzvoll entstelltes und bis zur Unkenntlichkeit verstümmeltes Gesicht."[9] Fotograf Hermann Claasen versteht sich jedoch nicht als dokumentierender Spiegelhalter einer beispielhaften Wirklichkeit und scheut sich wenig, das „verstümmelte Gesicht" der Stadt durch Leichenkosmetik zum edlen Antlitz aufzuschminken. So montiert er hinter die finstere Silhouette der nächtlichen Altstadtruinen einen glosenden Brandhimmel aus einer anderen Aufnahme. *Gesang im Feuerofen* ist eine mythisierende Inszenierung. Zwar beteuert Franz A. Hoyer im Geleitwort, die Bilder seien „in keinem Falle gestellt, zurechtgerückt, sie unterschlagen nichts und lassen nichts aus, auch nicht um einer noch intensiveren Wirkung willen"[10]. Doch das Gegenteil ist der Fall. Claasen wählt Bildausschnitte und Perspektiven so, dass die Motive arrangierten Bühnenbildern gleichen. Wenige markante Trümmerstücke stehen in klug austarierter Staffelung wie Großrequisiten als Blickfang im Vordergrund eines prospekthaft malerischen Ruinenpanoramas. Höhepunkt der Fotofolge ist – wie bei den Zeichnungen von Heinrich Schröder – der Fronleichnamszug durch die apokalyptische Kulisse: eine Doppelseite in extremem Querformat. Die Überbreite erreicht Claasen, indem er zwei Fotos vom selben Standort nebeneinander montiert. So zieht eine beeindruckend lange Prozession von Nonnen an verdoppelt identischen Schutthaufen vorbei. Und noch eine Gemeinsamkeit mit Heinrich Schröders Zeichnungen gibt es: Der Fronleichnamszug ist das einzige Bild, das Menschen in Bewegung zeigt. Die Botschaft ist klar: Glaube ist das letzte Movens. Und der Glaube ist ein Glaube ans Bild. Das Schaugerät der Monstranz. Und das demonstrative Foto.

Fronleichnamszug durch die Altstadttrümmer,
Bildmontage von Hermann Claasen

„Die Sprache versagt", schreibt Franz A. Hoyer im Geleitwort zu *Gesang im Feuerofen*. „Sie verstummt am Rande des Abgrundes, sie ist wie erschlagen vom Sturz ins Bodenlose."[11] Wenn Latein 1945 als Sprache der Vergangenheit hervorgeholt wird, um die zweitausendjährige Realgeschichte der Stadt gegen die Fiktion eines tausendjährigen Reichs aufzurechnen, dann sind Fotos eine erste Sprache der neuen Gegenwart. Fotos gelten als allgemein und unmittelbar verständlich, objektiv und neutral. Techniken der Manipulation sind zwar bekannt, werden aber kaum in ihrer Wirkung reflektiert. Auch die propagandistischen Bildlügen des NS-Regimes sind noch nicht durchschaut. Gerade erst beginnt man in Ansätzen zu verstehen, wie die deutsche Sprache durch die Nazis korrumpiert worden ist, was alles unsäglich war und nun unsagbar ist. Zwar kann man in Köln noch auf Kölsch zurückgreifen (und sich einbilden, die Nazis hätten ein anderes Idiom gehabt, weil es sich unmöglich um Kölner handeln konnte), doch der zungenbequeme Dialekt mag für pragmatische Lebensweisheiten des Alltags gut sein und für „et Hätz" (das dem Kölner ja bekanntlich auf der Zunge liegt), für hochmögendere Bedenken und Gedanken fehlen der Mundart jedoch die Ausdrucksmöglichkeiten. Von „Kölle kapores" spricht niemand. Das Ausmaß der Zerstörung ist zu groß, um mit kölschen Flapsigkeiten kleingeredet werden zu können.

Bilder sind es vor allem, mit und in denen Köln und Kölner sich nach dem Krieg ausdrücken, Leid und Schmerz artikulieren und widerspiegeln, ihre Identität suchen und finden. Bilder, die für sich sprechen. Sie erzählen von Vergänglichkeit und Verfall, aber auch vom Unvergänglichen. Hoyer versteigt sich sogar zur schwärmerischen Auffassung, dass in den Fotos Claasens „Schönheiten sichtbar werden, die man vorher so nicht gesehen. An mancher Architekturform etwa"[12]. Woher diese „Formschönheiten" kommen, ist leicht zu erklären. Wenn etwas den Bomben standhält, sind es die tragenden Strukturen der Gebäude. Alles, was angehängt, eingebaut und angebaut ist, geht zuerst kaputt. Nicht nur Fensterscheiben und Balkone, Giebel und Vordächer, sondern auch Leuchtreklamen, Firmentransparente, Hinweisschilder, Wegweiser, Straßenlampen, Verkehrszeichen und Schaufenster (samt Waren darin): die ganze konsumistische und kommunikative Überformung einer Stadt, mithin das, was sie lebens- und funktionsfähig macht. Die Zerstörung Kölns zeigt die „reine Form" der Stadt als idealische Ruinenstätte ihrer selbst, monumental und erhaben wie Pompeji oder Palmyra. Zweckfrei und menschenleer. Denn Menschen könnten Opfer sein. Und wo Opfer sind, muss es Täter geben. Aber Täter kann es nicht geben in einer Stadt, deren Zerstörung als schicksalhaftes Werk numinoser Instanzen mythisiert wird.

Auf den bekanntesten und gleichsam kanonischen Bildern Kölns aus den Jahren 1945/46 sind Menschen meist nur vereinzelte Figuren im Mittelgrund der Szene: Staffage wie auf klassizistischen Landschaftsgemälden. Wo keine Menschen sind, kann es auch keine menschlichen Spuren geben, keine Zeichen. Auch da wird die Stadt sprachlos dargestellt. Hermann Claasen gelingt es, Bildausschnitte zu wählen, auf denen weder Plakatfetzen noch Maueraufschriften die „reine Form" seiner Bildsprache stören. Falls doch, retuschiert er sie weg. Andere Fotografen verfahren ähnlich. Lee Millers Bilder zeigen, dass das nicht ganz einfach gewesen sein dürfte. Denn vor allem *ein* Zeichen ist omnipräsent und unübersehbar: die weiße Fahne, die überall an Fassaden und aus Fenstern hängt. Tatsächlich ist die Stadt in den letzten Kriegs- und ersten Nachkriegswochen, als keine konventionellen Kommunikationswege existieren, mit Mitteilungen und Nachrichten nur so zugeklebt: Aushänge, Bekanntmachungen, Wandzeitungen, Suchzettel, Plakataufrufe und Propagandaanschläge, dazu auf Mauern gepinselte Durchhalteparolen und Widerstandsaufforderungen. Auf den einschlägigen Trümmerbildern Kölns ist davon nichts zu sehen. Sie zeigen tatsächlich nur das „reine Bild" der Stadt. Dieses Bild ist das eines gefallenen Heros. Und es weist eine eigentümliche Dialektik auf. Denn auch und gerade als Gefallener zeigt der Held Format. Das Ausmaß der Vernichtung belegt zugleich die Größe der Stadt. Die demonstrative Geste der Bilder – dies alles gibt es nicht mehr – bedeutet immer auch: Dies alles *gab* es. Beleg dafür sind die Reste und Ruinen. Sie sorgen dafür, dass die Stadt auf den Bildern identifizierbar bleibt. Damit die Kölner sich identifizieren können. Die gängigen Bilder des zerstörten Köln zeigen keine gleichförmigen Schuttberge an Orten, die nicht mehr bestimmbar sind. Sie zeigen nicht nichts. Und auch nichts, was nicht zu verorten wäre. Immer ist auch ein prägnanter, wiedererkennbarer Baurest zu sehen: ein unverwechselbarer Erker, eine bekannte Fassade, der Rathausturm, die doppelten Rundbögen der Apsis von Groß Sankt Martin und natürlich der Dom. Die Kathedrale, die zwar beschädigt, aber keinen Meter kürzer ist, bildet weiterhin den sichtbaren Größenmaßstab der Stadt. Er schafft Orientierung im Chaos. Er gibt dem Blick Halt. Er gibt dem Bild Halt. Und dieser Halt ist ebenso ein bildästhetischer wie ein realer. Und er ist ebenso real wie metaphorisch. Denn nichts anderes ist das zerstörte Köln: ein real gewordenes Symbolbild. Ein Bild, das die Vergangenheit beschwört, um das Elend der Gegenwart zu überwinden. Nicht anders schufen sich die Romantiker ihre Sehnsuchtsbilder. Sehnsuchtsbilder, die immer auch Glaubensbilder waren. Glaubensbilder einer unbestimmten Heilshoffnung: „Zweitausend Jahre Gebet." Was aber ein Caspar David Friedrich und andere kunstvoll komponieren und kombinieren mussten: Ruinenfassaden,

Säulenreste und eingefallene Kirchengewölbe, leere Fensterbögen, abgestorbene Bäume und dazwischen – sinnig sinnbildlich unbeschädigt – ein Kruzifix, auf das ein Sonnenstrahl fällt, all das ist in Köln 1945 nur eine Frage des gut gewählten Bildausschnitts. Die Ruinendarstellungen der ersten beziehungsweise „nullten" Stunde begründen den Mythos vom „ahle Kölle", jener halb fiktiven Stadt, die mehr Seelenlandschaft ist als konkreter Lebensraum. Die Leere der Trümmerfelder bietet einen weitläufigen Imaginationsraum, in den sich vieles hineinprojizieren lässt. Voraussetzung dafür ist, dass niemand diesen Raum besetzt. Auch deshalb sind die Ruinenbilder Kölns weitgehend menschenleer.

Tatsächlich fehlen nicht nur Heimkehrer, Gefangene und Trümmerfrauen auf den leeren Bildern eines unbesetzten Raums. Es fehlen vor allem diejenigen, die den Raum tatsächlich und konkret besetzt haben: die Besatzer. Kein noch so geringer Hinweis deutet auf ihre Präsenz und ihre Aktivitäten. „Was haben Sie gemacht, als die Amerikaner kamen?" Der renommierte Fotograf Henry Ries, der 1937 in die USA emigrierte und nach dem Krieg für die Militärregierung und die *New York Times* in Deutschland Fotos machte, stellte diese Frage Ria Claasen, Fotografin und Frau von Hermann Claasen, bei einem Besuch in Köln. Ihre Antwort: „Wir haben sie fotografiert."[13] Wirklich? Warum aber sind sie dann auf keinem Bild zu sehen? Weder als Sieger noch als Befreier. Es gibt sie einfach gar nicht. Denn sie würden das Selbstbild Kölns und die Selbstbezogenheit der Kölner nur stören. Ist da wer? Die Anwesenheit der US-Amerikaner wird genauso „übersehen" wie der Nationalsozialismus. War da wer? Schlimmstenfalls eine Ganovenbande, die sich vor Kriegsende über die Hohenzollernbrücke ins Irgendwo der „schäl Sick" absetzte und die Verbindung hinter sich kappte, indem sie die Brücke sprengte. Ironie der Zeitgeschichte: Die einzige „selbst gemachte" Zerstörung der Stadt ist das einzige Motiv, das Lee Miller ebenso fasziniert wie alle Kölner Fotografen. Offenbar hat der Blick auf die geborstenen Stahlträger vom Dom herunter einen grafischen Reiz und eine Suggestivkraft, der sich niemand, der visuell arbeitet, entziehen kann – egal welche Intentionen seine Arbeit leiten.

Natürlich werden im Lauf der Jahrzehnte andere Bilder von Köln aus der unmittelbaren Nachkriegszeit publiziert. Bilder mit Menschen, Bilder von ihren Spuren, journalistische Bilder, nüchterne Bilder. Doch wie nachgetragene Fußnoten erfüllen sie eher eine dokumentarische Pflicht. Zu stark im kollektiven kölschen Bewusstsein eingebrannt sind die bekannten Motive. Auch weil sie weiterhin verbreitet werden.

Noch 1994, ein halbes Jahrhundert nach Kriegsende, erscheint ein neuer Band[14] mit Fotos des 1987 gestorbenen Hermann Claasen, die in Auswahl und Abfolge erstaunlich exakt der Dramaturgie der Zeichnungen in *Colonia Deleta* folgen. Das vorletzte Bild ist die Totale der Fronleichnamsprozession (allerdings in der nur halb so breiten, unmanipulierten Fassung). Das letzte Bild zeigt eine Figur in Nahsicht. Keine mittelalterliche Madonna wie beim Zeichner Heinrich Schröder, sondern die Rückenansicht eines Kriegsheimkehrers, der vor den Trümmern der Stadt steht wie Caspar David Friedrichs *Wanderer über dem Nebelmeer*.

Rückwärtig visionär von einem etwas abgehobeneren Standpunkt – das ist noch immer die Kölner Sicht auf die Kriegszerstörung der Stadt. Für einen kurzen historischen Moment hat eine Frau mit einer Kamera den Nebel unterlaufen und deutliche Bilder auf Bodenhöhe gemacht, bevor sich die diffusen Schwaden Kölner Selbstverklärung über die Trümmer legen konnten. Lee Miller sah im Kaputten nur das Kaputte. Für Kölner konnte das keine Perspektive sein. Doch die Bilder waren auch nicht für Kölner gemacht. Da kam eine Frau mit der Kamera, ließ sich von nichts beeindrucken und von niemandem berühren und ging wieder. Noch heute ist der distanzierte Blick von außen auf die Stadt für viele Kölner eine Zumutung. Aber wer sie aushält, gelangt zu Einsichten. Jenseits von Mythen und Kosmetik.

Kriegsrückkehrer,
Foto von Hermann Claasen

Umland im Nordwesten
von Köln

VOR DER STADT

Flakstellung mit GI

Footballspielende GIs, im Hintergrund das Siebengebirge

Flakstellung mit US-Aufklärungswagen,
Kölner Dom im Hintergrund

„Deutsche Frauen füllen die Schützengräben ...
glücklich, dass der Krieg vorbei ist", bei Köln

Seite 36/37:
Ausgebrannter Lastwagen, Kölner Umland

Verlassener Panzer,
nordwestliches Umland von Köln

Eingangstor des Staatsgefängnisses
Klingelpütz

KLINGELPÜTZ

Gefangene der Gestapo kurz nach der Befreiung

Befreite weibliche Gefangene, die Treppen im Klingelpütz heruntersteigend

Befreite Gefangene, die das Gefängnis
Klingelpütz verlassen

Befreite weibliche Gefangene im Klingelpütz

Staatsgefängnis Klingelpütz

Beschnittener Kontaktbogen mit
Motiven einer befreiten
weiblichen Gefangenen, Klingelpütz

Befreite Gefangene aus dem Klingelpütz, betend an einem Massengrab, „vor ihrem Abflug"

Seite 50/51
Befreite Gefangene aus dem Klingelpütz, betend an einem Massengrab, vor der Abfahrt

MP (Militärpolizist) mit befreiten Gefangenen im LKW

Gefängnisinnenhof mit LKW, der die befreiten Gefangenen wegfährt

Staatsgefängnis Klingelpütz

Beschnittener Kontaktbogen, Klingelpütz
und Kaiser-Wilhelm-Ring

Zwei Frauen auf einer Bank am Kaiser-Wilhelm-Ring

Flüchtlinge am Kaiser-Wilhelm-Ring

Zwei deutsche Frauen auf einer Bank, umgeben von zerstörten Gebäuden

„Feind hört mit"-Zeichen an
der Siemensstraße

Zerstörte Skulptur (Kaiserin Augusta), Kaiser-Wilhelm-Ring

Seite 62/63:
Zerstörte Gebäude am Kaiser-Wilhelm-Ring, Mitte links das Allianzgebäude

Hansaring, Ecke Von-Werth-Straße,
im Hintergrund das Hansa-Hochhaus

Eigelsteintor, Ebertplatz

Eigelsteintor mit Blick auf
die Agneskirche

„Das Gerippe der Stadt ist zu erkennen,
all die Mauer- und Steinhaufen"

Seite 68/69:
Agneskirche, Neusser Platz

Suchscheinwerfer hinter der Christuskirche an der Herwarthstraße, eine „Lichtwolke" erzeugend

Die Ecke Wilhelmstraße/Neusser Straße

Oldenburger Eiervertrieb,
Severinstraße

Wandanschläge in Nippes

„Feind hört mit"-Zeichen und Richtungsschild „Grüngürtel" an der Siemensstraße

Straßenszene mit GIs

Männer, die die Anschläge vor dem Gebäude der
Militärregierung am Kaiser-Wilhelm-Ring 2 lesen

Legal Officer Major James D. Clemens und ein weiterer Offizier verhandeln in einem Büro der US-Militärverwaltung mit deutschen Zivilisten

Straßenszene am Kaiser-Wilhelm-Ring, im Hintergrund das Allianzgebäude

Blick aus dem Haus der Militärregierung
am Kaiser-Wilhelm-Ring 2

Seite 80/81:
Schlangestehen vor dem Gebäude der
Militärregierung, Kaiser-Wilhelm-Ring 2

GIs und Zivilisten vor dem Gebäude der
Militärregierung, Kaiser-Wilhelm-Ring 2

GI betrachtet einen Warnhinweis
auf Sprengfallen

Weiße Fahne, Bickendorf

WEISSE FAHNEN

Weiße Fahnen auf der Neusser Straße, Weidenpesch

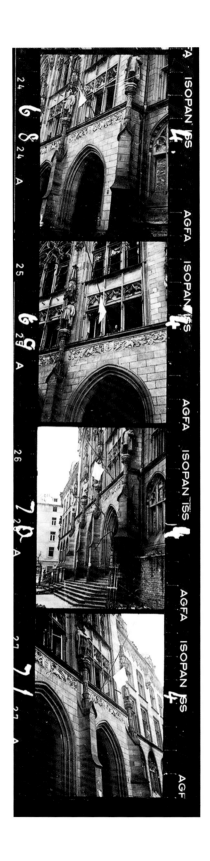

Weiße Fahne am
Hansagymnasium

Blick auf den Dom, vom Abgang der Hohenzollernbrücke aus, mit einem der vier Reiterstandbilder

AM DOM

GI und Panzer vor dem Dom

Ostseite des Kölner Doms und Hauptbahnhof,
vom südwestlichen Brückenturm aus gesehen

Zwei GIs vor der Ostseite des Doms, von der Brückenrampe aus fotografiert

Gruppe von GIs auf der Domtreppe

Kölner Dom vom Brückenturm der Hohenzollernbrücke aus

GIs mit Panzer vor dem Kölner Dom

Blick aus dem Domchor auf die Strebepfeiler

Blick ins südliche Querhaus

Chorumgang mit GI

Chor mit Luftschutzverschalung
der Chorpfeilerfiguren

Südliches Seitenschiff mit
Besuchern

Trümmer im Kölner Dom mit GI

Blick vom Dom auf die Reste
der Hindenburgbrücke
(Deutzer Hängebrücke) und
Groß Sankt Martin

Blick ins Langhaus

103

Blick vom Dom auf das beschädigte Dach, die
Hohenzollernbrücke und ins Rechtsrheinische

Blick vom südwestlichen Brückenturm der
Hohenzollernbrücke auf Deutz

Blick vom südlichen Domturm
auf Vierungsturm und Messe

Blick vom Dom auf den
Hauptbahnhof und St. Kunibert

Blick vom südwestlichen Brückenturm auf den Hauptbahnhof, im Hintergrund St. Mariä Himmelfahrt und das Hansa-Hochhaus

Trankgasse mit Hauptbahnhof

Zwei GIs, einer Akkordeon spielend,
vor dem Excelsior Hotel, Trankgasse

Beutegut amerikanischer
Soldaten

Begegnung zwischen GIs
und Zivilisten vor dem
Excelsior Hotel, Trankgasse

Seite 112/113:
Stadt in Ruinen, Blick
auf die Eisenbahndirektion
und die umgebende
Trümmerlandschaft

Eisenbahnschienen am Hauptbahnhof
und Umgebung, Maximinenstraße

Blick vom Brückenturm der
Hohenzollernbrücke auf
Groß Sankt Martin und das
Rathaus

Einer der Brückentürme
der Hohenzollernbrücke
im Linksrheinischen

Zerstörter Hauptbahnhof
mit den Brückentürmen
der Hohenzollernbrücke
von Südwesten aus

Hohenzollernbrücke

Kerstin Stremmel
„IM HERZEN DEUTSCHLANDS"
Lee Millers engagierter Realismus

[1] In: Heinrich Böll: Werke. Romane und Erzählungen. Hrsg. von B. Balzer. Bd 5: 1971–1977, Köln 1977, S. 247.
[2] Man Ray: „Object of Destruction". In: *This Quarter*, 5:1, September 1932, S. 55.
[3] Grim Glory. Pictures of Britain under fire. Edited by E. Carter, preface by E. R. Murrow, photographs by Lee Miller. London 1941.
[4] Diese Bildsprache ist etwa bei Hermann Claasen evident: H. C.: Gesang im Feuerofen. Köln – Überreste einer alten deutschen Stadt. Düsseldorf 1947.
[5] Die Abkürzung *ADLS* steht für *Air Despatch Letter Service*, die schnellste Versendungsmöglichkeit für Millers Kriegsberichte.
[6] Originaltext in: Lee Miller's War. Photographer and Correspondent with the Allies in Europe 1944–45. Foreword by David E. Scherman, edited by Antony Penrose. Boston e. a. 1992, S. 159.
[7] Der Militärgouverneur, General Patterson, hielt, solange seine Einheit in Köln stationiert war, also bis zum 21. Juni 1945, an der Verfügung fest, jeden mit Berufsverbot zu belegen, der zu irgendeiner Zeit Mitglied der NSDAP, der SA oder SS gewesen war.
[8] Dass Miller sich nach einem Ort wie Paris sehnte, kommt in einem Brief an ihren Liebhaber David E. Scherman zum Ausdruck, den sie am 21. März 1945 aus Köln schickte: „Tut mir leid, dass wir Paris im Frühling verpasst haben, wäre eine nette Geschichte gewesen." Lee Miller Archives (LMA).
[9] Einige dieser Opfer waren nicht mehr zu retten und starben noch am ersten Tag der Besatzung, die ihnen endlich die Freiheit hatte bringen sollen.
[10] Zit. nach: Lee Miller: Der Krieg ist aus. Deutschland 1945. Aus dem Englischen von Flora Falke. Berlin 1995, S. 8f.
[11] Ebd., S. 8.
[12] Zit. nach: Katharina Menzel-Ahr: Lee Miller. Kriegskorrespondentin für Vogue. Fotografien aus Deutschland 1945. Marburg 2005, S. 131, Anm. 503, Brief aus München, LMA.
[13] Susan Sontag: Das Leiden anderer betrachten. München 2003, S. 90.
[14] Zit. nach: Menzel-Ahr, a. a. O., S. 73, Anm. 249.
[15] Aus einem Brief, den Miller an Roland Penrose geschrieben, aber nie abgeschickt hat; zit. nach: Antony Penrose: The Lives of Lee Miller, London 1985, S. 145.

Walter Filz
KAPUTTSEIN IST KEIN MYTHOS
Bild und Bildkosmetik einer
zerstörten Stadt

[1] COLONIA DELETA, Federzeichnungen von Heinrich Schröder, Köln o. J., S. 67.
[2] Ebd., S. 5.
[3] Ebd., S. 10.
[4] Ebd., S. 69.
[5] Stefan Volberg: „Wie griechische Wörter halfen", in: *Kölnische Rundschau* vom 30.6.2004.
[6] Toni Feldenkirchen: Koeln. Qui non vidit coloniam non vidit germaniam, Essen 1947.
[7] Ebd., S. 33.
[8] Hermann Claasen: Gesang im Feuerofen. Köln – Überreste einer alten deutschen Stadt. Düsseldorf 1947.
[9] Ebd., S. X.
[10] Ebd., S. XII.
[11] Ebd., S. X.
[12] Ebd., S. XII.
[13] Zit. nach Hermann Claasen. Nie wieder Krieg! Bilder aus dem zerstörten Köln. Hrsg. von Klaus Honnef und Walter Müller, Köln 1994, S. 5.
[14] Hermann Claasen. Nie wieder Krieg! (vgl. Anm. 13).

Bildnachweis:

© für alle Bilder von Lee Miller: Lee Miller Archives, England 2013. All rights reserved.
S. 10 und 12: © Man Ray Trust, Paris/VG Bild-Kunst, Bonn 2013.
S. 17: © Auszug aus der *Vogue*: Condé Nast; Fotos im Artikel: Lee Miller Archives, England 2013. All rights reserved.
S. 25: © Heinrich Schröder, Balduin Pick Verlag.
S. 27: © Hermann Claasen, L. Schwann Verlag, LVR-LandesMuseum Bonn.
S. 31: © Hermann Claasen, LVR-LandesMuseum Bonn.

Die Bildtitel auf den Seiten 13, 21, 22, 31, 34, 35, 38, 42–45, 48–51, 56 unten, 57, 59, 66, 70, 72, 75, 79, 80–82, 91–97, 99, 100, 106, 107, 110, 111 unten, 112/113, 114, 115 und 116 unten basieren auf den Originaltiteln von Lee Miller. Die übrigen Bildbezeichnungen wurden vom Lee Miller Archiv vergeben. Bei der Ergänzung half Dr. Rolf Schmidt.
Folgende Bücher waren zudem hilfreich:
Reinhold Billstein, Eberhard Illner: You are now in Cologne. Compliments. Köln 1945 in den Augen der Sieger. Köln 1995.
März '45. Kriegsende in Köln. Katalog zur Ausstellung zum 50. Jahrestag der Besetzung Kölns durch amerikanische Truppen. Historisches Archiv der Stadt Köln 1995.
Katharina Menzel-Ahr: Lee Miller. Kriegskorrespondentin für Vogue. Fotografien aus Deutschland 1945. Marburg 2005.

© Greven Verlag Köln, 2013
Gestaltung: Thomas Neuhaus, Billerbeck
Gesetzt aus der Neutraface Slab
Papier: Garda Matt Art
Lithografie: farbo prepress GmbH, Köln
Druck und Bindung: Rasch Druckerei und Verlag GmbH und Co. KG, Bramsche
Alle Rechte vorbehalten.
ISBN 978-3-7743-0618-9
Detaillierte Informationen über alle unsere Bücher finden Sie unter:
www.Greven-Verlag.de